IDEA

アイデアの
発想・整理・発表

永松陽明

柳田義継

藤　祐司

仲野友樹

学文社

ま え が き

　学生の皆さんはいろいろな調査をしてまとめる学習や実験レポートなどを書き，発表する機会が多くあると思います。また社会人の皆さんは毎日・毎週の報告，顧客の前での説明など，学生時代に比べて多くの文章を書いたり，プレゼンテーションを行う機会があると思います。それらのレポート，報告，プレゼンテーションにはなかなか手こずっているのではないのでしょうか。

　また，学生の皆さんも社会人の皆さんも「自分自身の意見を客観的にまとめ説明する」報告書やプレゼンテーションも時には求められるでしょう。それらは先程のまとめ中心のレポート，報告書，プレゼンテーションよりも難しさを感じると思います。そして，その作成において求められるのは単なる調査や感想，説明ではなく，皆さん自身のアイデアとそれを裏付けるもの，そしてストーリーです。なぜなら，そのアイデアやストーリーなどが良く練られていなければ，読み手や聞き手に思いを伝えることができず，失敗に終わってしまうからです。

　そこで本書はそのような文章を書き上げる，発表を行う際に重要な方法を提供していきたいと考えています。できるだけ多くの例や図を加えることで，わかりやすさを高める工夫をしましたので，活用イメージがつかみやすくなっています。

　本書を読み終えた後で，卒業論文や企画書を作成・発表し，満足を得ていただけたならば筆者たちのねらいは実現できたと思います。

　本書の刊行にあたって多大なご支援をいただきました学文社田中千津子氏に深く感謝いたします。

永松陽明，柳田義継，藤祐司，仲野友樹

目　次

まえがき ……………………………………………………………………… 1

序章　アイデアの発想・整理・発表の必要性 ……………………… 3

1.　アイデアの発想 ……………………………………………………… 4

　（1）　発想するための手順 …………………………………………… 4

　（2）　発想するための幅広い調査 ………………………………… 4

　（3）　テーマの詳細化 ……………………………………………… 7

　（4）　詳細な資料の探索と収集 …………………………………… 9

　（5）　本章のまとめ ………………………………………………… 11

2.　アイデアの整理 …………………………………………………… 13

　（1）　整理するための手順 ………………………………………… 13

　（2）　ストーリーの作成 …………………………………………… 13

　（3）　ストーリーの肉付け ………………………………………… 19

　（4）　読み手に対する工夫 ………………………………………… 27

　（5）　本章のまとめ ………………………………………………… 39

3.　アイデアの発表 …………………………………………………… 41

　（1）　発表するための手順 ………………………………………… 41

　（2）　ストーリーの作成・確認 …………………………………… 41

　（3）　聞き手に対する工夫 ………………………………………… 41

　（4）　インターネットの活用 ……………………………………… 53

　（5）　本章のまとめ ………………………………………………… 57

終章　アイデアの発想・整理・発表におけるレベルアップ ……… 59

補章 ……………………………………………………………………… 61

参考文献 ………………………………………………………………… 68

序章　アイデアの発想・整理・発表の必要性

　まえがきにも書きましたが，学生の皆さんも社会人の皆さんも単なる調査や感想，説明だけではなく，皆さん自身の意見を客観的にまとめた報告書やプレゼンテーションをまとめ上げる必要が出てきているのではないでしょうか。

　そこで求められるのは，筆者自身のアイデアとそれを裏付けるもの，そしてストーリーです。本書では，それを実現する流れ（フロー）として，「アイデアの発想」「アイデアの整理」「アイデアの発表」を設定しています。そして，それぞれのフローを具体的な例を示しながら紹介していきます。そのフローを図 0.1 にまとめます。

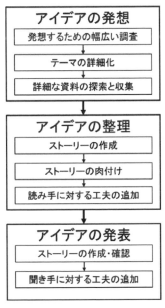

図 0.1　本書の流れ（フロー）

出所：筆者作成

1．アイデアの発想

まず，この章ではアイデアの発想について説明していきます。

多くの場合，文章を書かなければならない大きなテーマは設定されているのではないでしょうか。例えば，「パソコン（Personal Computer，以下 PC と略す）やスマートフォン（以下，スマホと略す）の普及によるデジタル化は，これまでの産業にどのような影響を及ぼしたかを調査し，意見をまとめよ」であるとか，「当該工場の省力化の課題と解決策に対する意見を発表すること」などです。そのような場合のアイデアの発想について，本章で解説していきます。

(1) 発想するための手順

学生の皆さんの中には，レポートを書く際に配布された原稿用紙に準備もなく書いている方は少なからずいるのではないでしょうか。そのような書き方をしてしまうと，とりとめのない文章になってしまう可能性があります。それを避けるために本章では，レポート・報告書・プレゼンテーションをまとめる基となるテーマの詳細化を中心に考えていきます。

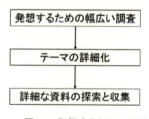

図 1.1 発想するための手順

出所：筆者作成

(2) 発想するための幅広い調査

アイデアを発想するためには，「アイデアの種」を見つける必要があります。

そのためにはいろいろな情報に触れることが大切ですが，インターネットの活用はそれを容易にしてくれます。表 1.1 に情報ソースとして活用できるホームペ

性」を考慮しつつ，調べて利用してください。

表 1.1　情報ソースとして活用できるホームページ

情報ソース名	アドレス	特記事項
日本経済新聞社	https://www.nikkei.com	様々な経済記事が閲覧可能。一部有料。
日経ビジネスオンライン	http://business.nikkeibp.co.jp	様々な経済記事が閲覧可能。ユーザー登録が必要な場合有。
読売新聞社	http://www.yomiuri.co.jp	様々な経済記事が閲覧可能。一部有料。
経済産業省	http://www.meti.go.jp	各種統計，白書などが閲覧可能。
総務省	http://www.soumu.go.jp	各種統計，白書などが閲覧可能。
総務省統計局	http://www.stat.go.jp/	政府が出す統計データを閲覧，ダウンロードが可能。
IMF （ International Monetary Fund：国際通貨基金）	http://www.imf.org/external/index.htm	World Economic Outlook など経済データを閲覧，ダウンロードが可能。

出所：筆者作成，全てのホームページ最終アクセス日は 2017 年 12 月 3 日

　インターネット情報の中には，信頼性の高くないものが多数あり，事実に反することなど記載されていることも少なくありません。例えば，Wikipedia ではありもしない「ビコリム戦争（Bicolim Conflict)」が書かれていたことが知られています。コンパクトに整理されている Wikipedia ではありますが，卒論やレポートには使用してはいけません。

　また，図書館にも多くの書籍，雑誌，新聞があり幅広い調査には有効です。インターネットを使った蔵書確認ができる場合もあるので，訪れる前に確認ができます。大学生であれば，大学の図書館は書籍が充実しているだけではなく，他の大学からも資料を取り寄せることができるので，十分に活用していきましょう。表 1.2 に活用できる図書館のホームページの一例を挙げます。

表 1.2 活用できる図書館の一例のホームページ

図書館名	アドレス	特記事項
国立国会図書館	http://ndl.go.jp	蔵書だけでなく論文・雑誌記事などもキーワード検索でき，実際に閲覧もできる。
横浜市立図書館	http://www.city.yokohama.lg.jp/kyoiku/library/	蔵書のキーワード検索ができ，蔵書の場所，予約情報確認もできる。
東京工業大学附属図書館	http://www.libra.titech.ac.jp	学生であれば他図書館の資料を取り寄せることができる。
横浜市立大学学術情報センター	https://opac.yokohama-cu.ac.jp/drupal/	資料やデータについて相談に乗ってくれる。
横浜商科大学図書館	http://library.shodai.ac.jp/	
千葉商科大学付属図書館	http://www.lib.cuc.ac.jp/	

出所：筆者作成，全てのホームページ最終アクセス日は 2017 年 12 月 3 日

　以上の調査した結果をコピーなどでクリッピングし，幅広い調査の結果を整理しておくことも忘れずに行いましょう。

　では，次に例を挙げて説明していきます。
　本章の初めに「PC やスマホの普及によるデジタル化は，これまでの産業にどのような影響を及ぼしたかを調査し，意見をまとめよ」と例を挙げたので，このテーマについて考えていきましょう。
　先程，活用できる図書館の例で挙げた国会図書館のホームページを活用してみましょう。そのホームページには「国会図書館サーチ[1]」と呼ばれる様々な図書館をまたぐ蔵書検索のデータベースがあります。そこに「デジタル化，影響」と入力してみました。その結果を図 1.2 にまとめます。

---

[1] 国会図書館サーチのアドレスは，<http://iss.ndl.go.jp>です（ホームページ最終アクセス日は 2017 年 12 月 7 日）。

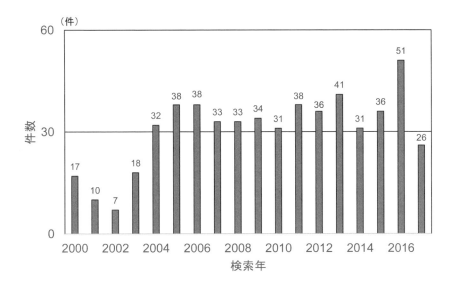

図 1.2 国会図書館サーチで「デジタル化，影響」を調べてみた結果

出所：筆者作成，ホームページ最終アクセス日は 2017 年 12 月 3 日

　そして，次に 2016 年の 51 件と 2017 年の 26 件の具体的な中身を見ていくと，通信・放送やものづくり，エレクトロニクスなど「デジタル化による産業に与える影響」を論じた資料，図書館などにおける「出版資料のデジタル化による様々な影響」「人工知能などのデジタル化による労働市場への影響」の大きく 3 つの流れがあることがわかりました。

　例で挙げたテーマから考えると，通信・放送やものづくり，エレクトロニクスなど「デジタル化による産業に与える影響」が適していることがわかります。ですので，通信・放送，ものづくり，エレクトロニクスなどの分野に書くべきテーマがあるのではないかと絞り込んでくるのではないでしょうか。

(3) テーマの詳細化

　続いて，調査結果を基にテーマの詳細化をしていきましょう。

　例を用いて説明してきます。先程の議論から，通信・放送，ものづくり，エレ

クトロニクスなどの分野には影響が何かありそうだとわかっています。ここで，それらのキーワードを思い浮かべると，「インターネット」あるいは「ネットワーク」も共通するキーワードと発想できるのではないでしょうか。なぜならば，テレビ放送が通信回線を介してインターネットで閲覧できる「産業の融合」が行われていたり，PCで設計された図面がネットワークを介して3Dプリンタで出力される「ものづくりのデジタル化」が行われていたり，インターネットを利用するのにはエレクトロニクス製品が「デジタル基盤」であるためです。以上の議論を図1.3に整理します。

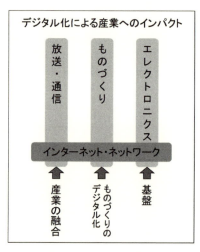

図 1.3　キーワードの整理

出所：筆者作成

　図1.3を整理した中で，「産業へのデジタル化」というテーマを再度振り返ってみると，「産業の融合」が適したテーマになると思います。ただ，これではまだ粒度が大きなテーマだと思います。ここで再度「産業の融合」をキーワードで資料調査にあたっても良いかもしれませんが，先ほどの国会図書館サーチの結果を見ていくと，「出版資料のデジタル化」がキーワードとして挙がっていました。そこで今回は「出版とインターネットとの融合」をテーマ設定としてみようと思

います。

　「出版とインターネットとの融合」についてもう少し考えてみましょう。出版市場はどのような市場トレンドなのでしょうか。拡大しているのでしょうか，あるいは縮小しているのでしょうか。また，出版などを研究している人々はどのような研究をまとめているのでしょうか。以上のように，テーマが詳細化していくと，いろいろなことを調べていくことが明らかになっていきます。

(4) 詳細な資料の探索と収集

　詳細なテーマが決まったので，再度調査を進めましょう。本章の 2 節で挙げたような情報ソースのほかにも，論文を検索するための J-STAGE[2]なども使ってみましょう。論文とは，大学などの研究者が自身の意見を整理し，検証した文章です。これらの情報ソース，データベースは閲覧できないものもありますが，大学の場合は取り寄せたり，有料のデータベースで見ることができます。

　では，例に沿って「詳細な資料の探索と収集」について考えていきましょう。

　出版市場について調べるには，出版ニュース社の『出版統計』などが知られています。この雑誌はオンラインでは見ることができないので，図書館で情報を取得する必要があります。そして，情報を取ってきた結果を図 1.4 に示します。

---

[2] J-STAGE とは，科学技術振興機構が提供している論文を検索できるデータベースです< https://www.jstage.jst.go.jp/browse/-char/ja/>（ホームページ最終アクセス日は 2017 年 12 月 7 日）。

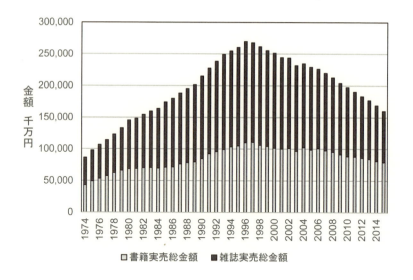

図 1.4 日本の出版市場の推移
出所：出版ニュース社（2013 年），出版ニュース社（2016 年）を参考に筆者作成

　図 1.4 を見ると，出版産業は 90 年代半ばまで成長を謳歌していましたが，その後は現在に至るまで大きく落ち込んでいることがわかります。その規模のトレンドを見ていくと，1996 年のおよそ 2 兆 7,000 億円をピークに 2015 年には 1 兆 6,000 億円と 1 兆円もの規模を縮小しています。
　また，関係する研究について J-STAGE と国会図書館サーチを使って調べてみると，表 1.3 に示す研究を調べることができました。ただし，キーワードは，出版，インターネット，融合だけではなく，関連するキーワードの電子出版，デジタル化などを用いつつ，中身を確認し抽出しています。

表 1.3 関連する研究

研究名	内容
湯浅（2013）	デジタル化が進む中で書店の減少に触れ，リアル書店の空間提供の優位性や「紙の本」はなくならないため，リアル書店の価値が見直されていることを論じている。しかし，リアル書店での電子書籍取扱は極めて困難であることも指摘している。
梶原（2016）	扶桑社の販売部担当部長という立場から雑誌の不調を論じている。また，NTTドコモによる「dマガジン」といった雑誌のデジタル化にも触れ，読み放題ビジネスが既存のビジネスの売上高を毀損し始めるなどの議論をしている。
藤脇（2016）	出版社の営業マンという立場からダウンサイジングする出版業界について論じている。雑誌の低迷について論じており，その課題を解決するために，「趣味の雑誌のデジタル化」と「ネットワークを活用した顧客の囲い込み」が必要とされている。
林（2016）	出版市場低迷を触れた後に，電子書籍市場の拡大を論じている。また，これまでの統計（出版ニュース社，出版科研）には，電子書籍市場の8割を占めている「コミック」が含まれていないことに触れて，「コミック」を考慮すると，下降市場の減りが若干緩やかになると指摘している。また，労働生産人口と書籍推定販売金額との相関分析も行い，高い相関があることを明らかにし，従来言われている「本離れ」は起こっていないとしている。

出所：筆者作成

表1.3を見ると，研究名に湯浅（2013）などと記載されています。これは，学術論文においての研究の書き方で，湯浅（2013）は2013年に湯浅先生が書いた書籍あるいは論文という意味になります。本書でもこのスタイルを踏襲していきます。また，表を見ていくと様々な方々や研究者がいろいろな視点で研究をしていることが分かります。加えて，インターネットによる出版産業への統計的な分析を行っている研究が少ないことも読み取れます。

(5) 本章のまとめ

本章では，アイデアの発想について説明を行いました。アイデアを発想するためには，レポートを書く基となるテーマの詳細化など，手順に沿った準備が重要だということが理解できたと思います。

レポートに限らず，報告書やプレゼンテーションをまとめ上げるためには，「ア
イデアの種」を見つける必要があります。そのために大切な，幅広い調査のやり
方について，例を挙げて説明をしました。次に，調査をして見つけた「アイデア
の種」を基に，テーマの詳細化をします。ここでは，調査の中で発想すること
ができたキーワードを整理することでテーマの設定をしました。テーマを詳細化す
るために，調べなければならないことが明らかになったと思います。最後に行う
のは，詳細な資料の探索と収集です。詳細なテーマを設定したことで，「アイデ
アの種」を見つけるための幅広い調査と比較して，より具体的で，より深い調査
が進められたのではないでしょうか。

　アイデアの発想は，レポートなどをまとめ上げるために行う最初の手順です。
しかし，この手順をおろそかにしてしまうと，次に行うアイデアの整理で行き詰
まってしまい，結局はアイデアの発想からやり直すことになってしまいます。い
わば，レポートなどをまとめあげるための土台作りのような手順だということが
できます。次に行うアイデアの整理で，良く練られたストーリーを作るためにも，
手を抜かずにアイデアの発想をしっかり行うようにしてください。

　本章で説明した手順に沿ってアイデアの発想をすることで，レポートなどを書
くための基となるテーマの設定をすることができました。さらに，テーマを詳細
化する過程で調べたものが材料として手元にあると思います。これらの材料を基
にして，次章ではアイデアの整理について説明をしていきます。

2．アイデアの整理

　この章ではアイデアの整理について説明していきます。

　前章では,「PC やスマホの普及によるデジタル化は,これまでの産業にどのような影響を及ぼしたかを調査し,意見をまとめよ」という大きなテーマについて調査を進め,「出版とインターネットとの融合」を実際に書き進めるテーマにしました。次に求められるものは,テーマに沿って調べたものを並べストーリーにしていく,アイデアの整理です。その具体的な内容を本章で作成していきます。

(1) 整理するための手順

　これまで調べてきたものをわかりやすくまとめるにはストーリーが重要です。まず,わかりやすい構造のストーリーを作り,それに肉付けをしていくと手戻りが少なくアイデアを整理できるでしょう。そして,読み手に対する工夫を報告書に施すことで,更に理解度が高まります。以上の流れを図 2.1 にまとめます。

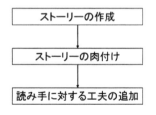

図 2.1　整理するための手順

出所：筆者作成

(2) ストーリーの作成

　わかりやすい構造のストーリーを作るためには,まず短い構成で考える必要があります。池上（2012）では以下のように述べている箇所があります。

　「NHK では,どんな番組も企画書は A4 用紙 1 枚にまとめることになっています。(中略)。業種や職種,あるいは職場による違いはあるでしょうが,企画書や提案書は長々と書けばよいというものではありません。提案したいことをコンパ

クトに過不足なく書き込むことが基本です。」[3]

　我々筆者のうち2名はしばらく会社勤めをしてきましたが，確かに内容がきちんと書けていれば，社会で通用すると実感しています。ただし，内容が大切です。本書では「アイデア」を題名に冠しているので，特に「オリジナリティー」が重要となると考えています。その「オリジナリティー」は「仮説」と言い換えることができます。以上を踏まえた理想とするA4一枚の構成を図2.2に示します。

```
┌─────────────────────────────────┐
│          ① タイトル              │
│                         名前     │
│                                  │
│  ② ねらい                        │
│    この報告・発表を行う客観的な理由を │
│    述べる部分                    │
│                                  │
│  ③ 構 成                         │
│                                  │
│  ④ 仮説の構築                    │
│    オリジナリティーを発揮する部分  │
│                                  │
│  ⑤ 仮説の検証                    │
│    検証方法や検証結果を記載する部分 │
│                                  │
│  ⑥ 結論                          │
│    仮説の検証を踏まえて仮説の有効性を │
│    論じる部分                    │
└─────────────────────────────────┘
```

図 2.2　理想とする A4 一枚の構成

出所：筆者作成

　ここでそれぞれの用語について，簡単に解説をします。

① タイトル

　タイトルは，「あなたがこれから述べること」の全体像を短文で表す宣言文のようなものです。後に続くレポート内容を相手に伝えるためのものですので，簡

---

[3] 池上（2012）pp.119-121。

14

潔にかつある程度具体的なものであることが必要です。レポートの内容を示すキーワードを組み合わせて，一目で分かるように短い言葉でまとめるようにしましょう。

② ねらい

　ねらいは，「あなたがレポートを通して述べたいこと」を書きます。ここでは，レポートの目的や研究の必要性などを簡潔に述べます。どうしてこのレポートを書くに至ったか，このレポートにどのような価値があるのか，ということを読む人に示し，「ああ，だからこの研究が必要なのか」「今までと比べてここが新しい点なのか」と納得させることができれば最上です。

③ 構成

　構成はレポートの設計図です。論文全体の構成は「序論・本論・結論」の3つの部分からなるのが一般的です。

　「序論」は論文全体の紹介であり，ここを読むだけで読者があなたの主張していることが理解できるようにすることが重要です。「背景」や「ねらい」「既存の研究」に加え，「仮説の構築」などがここの部分にあたります。

　「本論」は自分の主張したいことに沿った証拠を積み上げていくところです。証拠としては，自身で調べた資料や調査の結果，参考文献や統計データおよびそれらを用いた分析などが含まれます。「仮説の検証のためのフレームワーク」や「検証のための方法」「実際に行った検証およびその結果」などを記述します。

　「結論」は，「序論」で示した主張したいことに対し，「本論」で示した証拠の積み上げによって得られた結果を，読者にも納得できる形でまとめます。レポートの全体の流れを簡単に示し，得られた結論とそれについての考察を書くことになります。

　実際の論文やレポートの構成を章立てて示す場合には，単なる「序論・本論・結論」とするのではなく，それぞれの構成要素をもう少し具体的に示すことになります。

　例えば，「序論」としての「背景」「既存研究」「仮説」「目的」，「本論」として

の「分析のフレームワーク」および「分析とその結果」，そして「結論」という構成が一般的なものとして挙げられます。

④　仮説の構築

　仮説にオリジナリティーは重要ですが，あまりにも現実に即さない突飛な内容では意味がありません。

　学術的に意味のある仮説には，既知の事実から論理立てて状況を推し量ること，すなわち推理が必要です。個々の事例の観察・収集から一般命題を確立する推理のことを帰納と言いますが，仮説とはこの帰納によって立てられるものなのです。

　例えば，「花は必ず枯れる」という一般命題を導き出す際に，個別の事象としての「花 A，B，C が枯れた」という事実に対して，「花は枯れるものだ」という仮説を立てたとします。この仮説は，「花 A，B，C が枯れた」という個々の事例の観察・収集から推理して，「花は枯れるものだ」という仮説を得た，ということができます。もちろん，枯れた A，B，C がたまたま枯れただけで，枯れない花だってあるかもしれません。「花は枯れるものだ」という仮説を一般化するためには，追加的なより多くの事例の観察・収集による検証という手順が必要になることは論を待ちません。

⑤　仮説の検証

　例えば，先に述べた事例「花は枯れるものだ」という仮説に対する検証はどのようにすれば良いでしょうか。

　一番簡単な方法は，さらなる事例の観察・収集です。たくさんの花の誕生から枯死までの事例を集める，つまり，花 D，E，F，……と事例の観察・収集を増やしていき，多数の花の枯れ様を確認することによって，「花は必ず枯れる」という結論を導き出すのです。

　ただ，お気づきのことと思いますが，すべての花の枯死を確認することはできません。そのため，上記の例の場合，確率的にはすべての花が枯れる可能性が非常に高そうに思えますが，結論が間違っている可能性も排除できません。どれだけ，導かれる結論が確からしいか，ということは，十分な数の事例の観察・収集

によってもたらされるのです。では，どれだけの数の事例の分析をもって「十分」というのか，という点については，後ほど述べたいと思います。

　また，仮説の検証を行えば必ずなんらかの「結果」を得ます。これらの結果を吟味して，あなた自身の独自の解釈を示し，得られた知見を示すことを「考察」と言います。さらに「考察」をまとめたものが「結論」となります。

⑥　結論

　「結論」は，レポートを通してあなたが言いたかったことを読者に理解してもらうために書く箇所です。同時に「結論」は，「序論」で提示した仮説に対して，「本論」で行った検証およびその結果を踏まえた考察を行うことで得られる，目的に対する何らかの答えでなければなりません。

　そのため，あなたが書いたレポートの目的と合致したものであることは当然として，なぜその結論に至ったのかをわかりやすく簡潔に書くことが求められます。

　読者にもわかりやすい結論を書くためには，長いレポートであれば，結論の最初に振り返りとしてレポート全体の流れを簡単に示すことも必要でしょう。それらの理解を前提として検証結果に対する考察を示し，それらから必然的に導かれるであろう価値ある情報，すなわち新たな知見などについて述べることになるのです。

　以上を踏まえて，例に挙げた「出版とインターネットとの融合」について書いてみた結果を図 2.3 にまとめます。

出版とインターネットとの融合

永松陽明, 藤祐司, 柳田義継, 仲野友樹

■ねらい

　近年，出版産業市場は縮小傾向にある。その要因のひとつとして，「日本人の読書離れ」が挙げられている。インターネットの普及は，電子書籍の普及により町の書店を減少させたり，インターネット利用時間の増加による読書時間の減少など，この読書離れの要因となっているとされる。だからといって，本当にインターネットの普及は出版業界に負の影響を与えているのだろうか。インターネットの進展による出版産業への影響を統計的に分析することで，両者の関係を正しく捉えることをねらいとする。

■構成

　(1) 背景，(2) 既存研究サーベイ(これまで行われている研究の調査と分析)，(3) 仮説の構築，(4) 仮説の検証，(5) 結論で構成する。

■仮説の構築

　インターネットの普及によって，通販サイトの利用や電子出版により手軽に本を購読する機会が増えている。これらの事実から，インターネットの進展は出版産業に正の影響を与えるものと推理される。
　一方，近年の団塊世代の定年などによる労働力人口の減少は，インターネットの普及が促す読書離れ以上に，収入的に読書をする余裕をもつユーザー数の減少をもたらし，出版業界にマイナスの影響を与えていることが推測される。

■仮説の検証

　以上の議論から，下記の回帰分析による統計分析を行う。推定される結果は，インターネット指標の係数は正となり，人口減少指標の係数も正となる（出版産業市場は縮小しており，ともに減少する関係と考えられるため）。

$$y = f(x_1, x_2, x_3)$$

y: 書籍・雑誌発行金額, x_1: インターネット指標,
x_2:人口減少指標, x_3:タイムトレンド

■結論

　インターネットの普及は，日本人の読書離れを促し，出版業界にとっても負の影響を与えることが懸念されていたが，インターネットの進展は出版業界にとって良い影響を与えており，純粋なユーザの減少がマイナスの影響（係数は正）を与えていたことが分かった。

図 2.3「出版とインターネットとの融合」の構成の具体例

出所：筆者作成

(3) ストーリーの肉付け

　テーマに沿ってストーリーができると次に行うことは，ストーリーを厚くすることです。ストーリーの骨子がレポートの構成であるとすると，先に述べた構成に従うと「序論」「本論」「結論」それぞれに肉付けをする必要があります。

　肉付けの際には，ストーリーに関係ある資料は本文に組み入れ，関係ないものは使わないことが重要です。集めたものをすべて入れてしまうとアイデアが伝わりません。例えば，「序論」が「背景」「既存研究」「仮説」「目的」で構築されているとすると，「背景」への肉付けに本題と関係ないストーリーを長々と述べたり，「既存研究」にテーマと関係ない研究事例を挙げるなどの行為は，本来のアイデアを発散させてしまうことになります。

　また，ストーリーの肉付けを考える際に，「序論」「本論」「結論」のどれを中心的に肉付けするのか，ということを考えると，「本論」への肉付けが一番重要になるであろうことは，皆さんも推測ができると思います。

　「本論」の主目的が仮説の検証であるとすると，「本論」への肉付けは，どれほど緻密に，かつ信頼性の高い検証を行うか，ということによってなされます。そして，検証の要点は，十分な数の事例の観察・収集およびそれらの分析です。この「十分」を保証するための手段が次に述べる「統計分析」になります。

① 統計とその役割

　総務省統計局が示す統計とは「客観的なデータを一定の方法でたくさん集め，数値を用いて，社会全体がどのような姿をしているかを明らかにするもの」[4]となります。統計の役割は，発展した技術や数学の理論を使って統計を様々に分析して，経済や社会の内部がどうなっているのか，その仕組みや様子を探ることで，外から全体を写した写真だけではわからなかったことに迫ることにあるとされます。

② 統計分析

　以上の統計の役割において必要となるツールが統計分析の手法と言えます。統

---

[4] 総務省統計局ホームページ「統計の意義と役割」に記載（ホームページ最終アクセス日は 2017 年 12 月 7 日）。

計分析の手法は様々ですが，代表的なものとして表のものが挙げられます。

表 2.1　代表的な統計分析手法

分析手法	英語表記	役割	分析の概要
回帰分析	Regression Analysis	予測と要因分析	目的変数と説明変数を定め，それぞれの間の因果関係の分析
クラスター分析	Cluster Analysis	データの分類	データ間の類似度を定義し，その類似度の近いものをまとめていく手法
主成分分析	Principal Component Analysis	多次元データの要約	様々な要因を一次式のかたちにまとめる手法
判別分析	Discriminate Analysis	判別予測と要因分析	定量的な情報で定性的な情報を表す手法

出所：筆者作成

　中でも，回帰分析は経済データの分析や予測，心理学や医学など，多くの分野でもっともよく使われる統計的手法です。なんらかの操作や活動のデータとそれに対応する結果のデータを多数集め，予測の対象とする量（目的変数もしくは従属変数と呼ぶ）の変動を，操作や活動のデータのうちその変動を説明する要因と考えられるデータ（説明変数もしくは独立変数と呼ぶ）によって予測するために，両者の関係を求めることを言います。

　例えば，あなたが居酒屋（ここでは居酒屋 A 店とします）の店員だったとします。居酒屋 A 店にとって生ビールは主力の商品であり，特に夏の生ビールの売り上げはお店の経営に大きな影響を与えます。夏の日々の生ビールの売り上げのデータから，今後の生ビールの売り上げがどれほどになるかを予測できれば，それがお店にとって大きな助けとなることは間違いありません。

　そこであなたが，「気温が高いほど生ビールの売り上げは伸びるはず」という推理から，生ビールの売上と気温の関係を調べたいと考えたとします。このアイデアを，それぞれの関係が分かるように言い換えると，「過去の生ビールの注文数（杯）と気温のデータから，将来の予想気温に対する生ビールの注文数の予測をしたい」ということになります。

「過去の生ビールの注文数（杯）」と「気温（7月の東京の最高気温）」のデータは，表のようになったとします。

表 2.2 7月の東京の最高気温と居酒屋 A 店の生ビールの注文数

	最高気温 （℃）	生ビール の注文数 （杯）		最高気温	生ビールの 注文数 （杯）
7 月 1 日	27.0	290	7 月 17 日	29.3	305
7 月 2 日	27.1	291	7 月 18 日	29.4	305
7 月 3 日	27.3	294	7 月 19 日	29.5	310
7 月 4 日	27.4	295	7 月 20 日	29.7	308
7 月 5 日	27.6	291	7 月 21 日	29.8	310
7 月 6 日	27.8	295	7 月 22 日	29.9	311
7 月 7 日	27.9	298	7 月 23 日	30.1	312
7 月 8 日	28.1	295	7 月 24 日	30.2	310
7 月 9 日	28.2	293	7 月 25 日	30.4	313
7 月 10 日	28.3	300	7 月 26 日	30.5	315
7 月 11 日	28.5	295	7 月 27 日	30.6	312
7 月 12 日	28.6	296	7 月 28 日	30.7	316
7 月 13 日	28.8	300	7 月 29 日	30.8	318
7 月 14 日	28.9	298	7 月 30 日	30.9	315
7 月 15 日	29.0	301	7 月 31 日	31.0	320
7 月 16 日	29.1	305			

出所：筆者作成

このとき，以上の関係を回帰分析のためのモデル式（回帰式と言います）で表現すると，次のようになります。

$$回帰式：y = f(x)$$

x：最高気温，y：生ビールの注文数

この式は，最高気温（x）に対する生ビールの注文数（y）を表す式となり，回帰分析の用語で表現すると，最高気温（x）が説明変数もしくは独立変数であり，生ビールの注文数（y）が目的変数もしくは従属変数と呼ばれます。

もちろん，以上の式だけだと色々な x と y の関係を考えることができてしまいますので，もう少し式の形を具体的に表す必要があります。

そこでまず，図 2.4 の散布図[5]を書くことで x と y の関係を概観します。

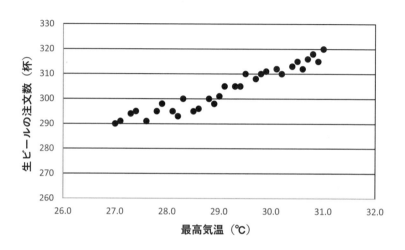

図 2.4 最高気温(x)と生ビールの注文数(y)の散布図

出所：筆者作成

図 2.4 を見ると，両者の関係はなんとなく直線で表せそうに見えます。そこで，ここでは最高気温と生ビールの関係が直線的な関係（これを線形関係といいます）にあると想定して回帰式を想定します。このとき，x と y の関係は，最高気温一度の上昇当たり生ビールの注文数がどれ程増加するかを示す傾き a（変動注文数）および切片 b（固定注文数）による，次の式によって表現されます。

$$回帰式：y = ax + b$$

この式に，将来の予想最高気温（x）を回帰式に代入することで，将来の生ビ

---

[5] 散布図は，P.31 に説明があります。

ールの注文数（y）が導かれます。

以上の関係を図 2.4 の中で表現すると，図 2.5 のようになります。

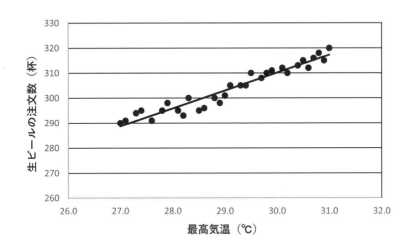

図 2.5 最高気温(x)に対する生ビールの注文数(y)の推移

出所：筆者作成

図 2.5 を見るに，例えば最高気温が 26 度と予測された場合，生ビールの注文数は 280 杯くらいになりそうだ，ということが分かります。

図 2.5 においては筆者が恣意的に目分量で直線を引いていますが，もちろん学術的にデータ間の関係を求める際には，ただデータに沿った線を恣意的に引けばよいということではありません。学術的な研究においては，モデル式の客観的な信頼性が重要です。一般的に，回帰分析などを行うための統計ソフトには，統計分析を行う際にこの信頼性を保証するための数値として回帰式の係数の値と共にいくつか数値が計算されます。実際に回帰式を導出する際には，それらの数値を添えることで回帰式の信頼性を表します。

回帰式の信頼性を表す数値としては，代表的なものとして表 2.3 のものが挙げられます。

表 2.3 代表的な統計値

分析手法	英語表記	役　割
t 値	t value	説明変数が目的変数の予測に有効であるかの程度を示す値
自由度修正済み決定係数	Adjusted coefficient of determination	変動のうち回帰式によって説明できる割合を表す値 決定係数は説明変数の数が増えるほど大きくなってしまうため，説明変数の数を考慮して自由度を修正している
ダービン・ワトソン比	Durbin-Watson ratio	誤差項（実測値と理論値の差）間に自己相関があるかないかを判別するための指標

出所：筆者作成

　それぞれの計算の仕方については別添に述べるとして，ここでは，皆さんのレポートにおいてこれらの統計分析結果をレポートの中でどのように表現するか，という点について次に紹介したいと思います。

③　回帰分析の計算とのその結果
　回帰分析を行うための計算ソフトは多様にありますが，一番身近のものとしては，Excel の中に「分析ツール」として組み込まれている「データ分析」があります。
　図 2.6 は，例として先に用いた最高気温（x）と生ビールの注文数（y）との相関関係を回帰分析したものになります。分析に用いる回帰式は下記の通りです。

$$回帰式：y = ax + b$$
x：夏の最高気温；y：生ビールの注文数；a：回帰係数（直線の傾き）；
b：切片

概要

回帰統計	
重相関 R	0.965
重決定 R2	0.932
補正 R2	0.929
標準誤差	2.417
観測数	31

分散分析表

	自由度	変動	分散	観測された分散比	有意 F
回帰	1	2308.0	2308.0	395.0	1.95003E-18
残差	29	169.5	5.8		
合計	30	2477.4			

	係数	標準誤差	t	P-値	下限 95%	上限 95%	下限 95.0%	上限 95.0%
切片	96.0	10.5	9.2	0.0	74.6	117.4	74.6	117.4
最高気温	7.1	0.4	19.9	0.0	6.4	7.9	6.4	7.9

図 2.6 Excel の分析ツールによる計算結果

出所：筆者作成

　図 2.6 の中で示されている「補正 R2」が自由度修正済み決定係数を，「t」が t 値を表します。ダービン・ワトソン比（DW）は，Excel の分析ツールでは自動では計算されませんが，図に示されている分析結果から簡単に計算することが可能です。

　これらの結果はレポートに記す場合には単に計算結果を張り付けるのではなく，情報を取捨選択する必要があります。

④　回帰分析の計算結果の表記

　計算結果としてレポートに表記すべきものとしては，次の情報が必要最低限かつ必要十分となります。

a) 回帰式　　　　　　　　　　　　　　$y = ax + b$

b) 計算結果

・　回帰係数　　　　　　　　　　a の計算結果

・　定数項　　　　　　　　　　　b の計算結果

・　それぞれの t 値　　　　　　　それぞれの t 値

・　決定係数　　　　　　　　　　自由度修正済み決定係数

・　ダービン・ワトソン比　　　　標準偏差から計算

図の事例をレポートに示す場合には，例えば，次のように記述すると分かり易いでしょう。

（例1）　回帰式と併記

$$y = 7.1\ x + 96.0 \qquad \textit{adj. } R^2\ 0.929$$
$$\quad (19.9) \qquad (9.2)$$

（例2）　回帰結果の表を作成

<table>
<tr><th></th><th colspan="3">$y = ax + b$</th></tr>
<tr><th></th><th>回帰係数 a</th><th>切片 b</th><th>決定係数</th></tr>
<tr><td>計算結果</td><td>7.1
(19.9)</td><td>96.0
(9.2)</td><td>0.929</td></tr>
</table>

⑤　結果の解釈

　統計分析は，ただ分析結果を示せば終わりというわけではありません。得られた分析結果に対して，それらが何を示しているのか，を述べることが「結果」を示すということです。

　例えば図 2.6 の統計分析の結果は，「最高気温 (x) に対する生ビールの注文数 (y) の関係について，$y = ax + b$ という回帰式を想定して回帰分析を行った結果，自由度修正済み決定係数は 0.929 となった。このことから，最高気温と生ビールの注文数の関係を表すモデルとして $y = ax + b$ という回帰式が高い説明力を有することが分かった。また，x, y の関係は，$y = 7.1\ x + 96.0$ で表され，各回帰係数は統計的に有意である」ということを示しています。これらの情報は分析結果を見れば読み取れることではありますが，レポートではしっかりと文章にすることが必要です。

　さらに，それらの「結果」が「仮説」に対してどのような意味を持っているのか，などについて意見・解釈を述べること，すなわち「考察」を行うことまでが検証となります。

⑥ 「出版とインターネットとの融合」における仮説検証の統計分析

図 2.3 に示した例では，オリジナリティーを発揮する部分である仮説を「インターネット普及などは出版産業に正の影響を与えるが，人口減少が出版産業に負の影響を与えると想定」と設定しています。これを検証するために，下記の統計分析を行います。

$$y = f(x_1, x_2, x_3)$$

y: 書籍・雑誌発行金額, x_1: インターネット指標,
x_2: 人口減少指標, x_3: タイムトレンド

図 2.7 「出版とインターネットとの融合」における仮説検証の統計分析

出所：筆者作成

図 2.7 で示した数式を線形式として回帰分析をした場合の，回帰式および分析した結果を表 2.4 にまとめます。

表 2.4 「出版とインターネットとの融合」における仮説検証の統計分析結果

$$y = a\,x_1 + b\,x_2 + c\,x_3 + d$$

パラメータ	a（インターネット指標）	b（人口減少指標）	c（タイムトレンド指標）	d（定数項）	adj. R^2	DW
計算結果	6123.56 (5.15)	45.92 (6.91)	-6637.01 (-19.16)	-60995.57 (-1.45)	0.990	1.74

出所：筆者作成

以上のような分析に加え，分析結果の解釈を加えることでストーリーを厚くしていきます。

(4) 読み手に対する工夫

前節までは「統計分析」を用いて，仮説を検証する方法を述べてきました。本

節からは，レポートや報告書を作成していく上で必要となる，文章の作成，グラフの作成，図の作成のポイントについて説明します。

■文章の作成のポイント

文章を作成する上で大事なポイントは 2 点あり，それらを下記にまとめます。
①　読み手が見やすい・分かりやすい文書を心がける
②　情報をより「分かりやすく」伝える

① 読み手が見やすい・分かりやすい文書を心がける

見やすい，分かりやすい文章は，「簡潔な文章で記述すること」「見やすいレイアウトで作成すること」が重要です。レイアウトに関しては図 2.2 にも示しましたが，文章は「見出し」と「本文」の各要素で構成します。「見出し」は本文の内容を短い一言で表現し，見出しを読むだけで文書のポイントが伝わるように工夫する必要があります。特に，レポートなどの文書は，文章を長く書くのではなく，内容ごとに段落を分け，それぞれに適切な見出しを付けることが重要です。図 2.8 に例を示します。

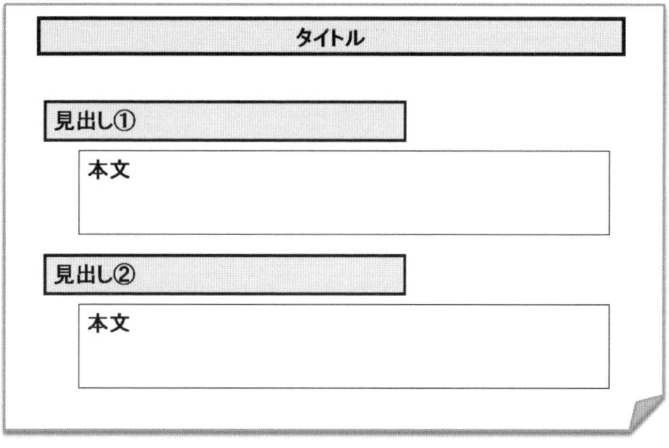

図 2.8 文章の構成要素

出所：筆者作成

② 情報をより「分かりやすく」伝える

　「文章を読むこと（文字情報による理解）」よりも，「図表（表，グラフ，図，写真，画像など）を見ること（視覚情報による理解）」の方が圧倒的に分かりやすいといわれています。そのため，レポートやビジネス文書，各種資料作りにおいても，図表を積極的に活用することが重要でしょう。ですので，図表を上手に活用するための「ビジュアルの表現力」が報告書作りには求められます。表 2.5 に図表の種類と利用の目的を整理します。

表 2.5　図表の種類と利用の目的

種類	利用の目的
表	➢　数値データの整理，項目間の比較 ➢　文章の整理や比較検討など
グラフ	➢　データの割合，推移，予測などをビジュアル化
図	➢　概念，仕組み，関係，構造などを表現
写真	➢　現実のイメージを表現

出所：筆者作成

■グラフの作成のポイント

　グラフは，表だけでは分かりにくい，数値の比較，割合，推移，傾向，バランスなどを視覚的に分かりやすくするものです。そのグラフを作成・加工する上で大事なポイントは 3 点あり，それらを下記にまとめます。

　① 　グラフを数値の持つ意味に沿って適切に選ぶこと

　② 　分かりやすいグラフを作成すること

　③ 　貼り付けるスタイルを意識すること

① グラフを数値の持つ意味に沿って適切に選ぶこと

　数値を比較する場合は「棒グラフ」，数値の割合が知りたい場合は「円グラフ」，数値の推移が知りたい場合は「折れ線グラフ」，数値の傾向が知りたい場合は「散布図」，数値間のバランスが知りたい場合は「レーダーチャート」をそれぞれ使用します。

それぞれの例を図 2.8，図 2.9，図 2.10，図 2.11，図 2.12 に示します。

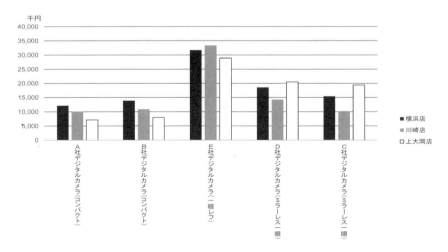

図 2.9　棒グラフの例 「店舗ごとのデジタルカメラの売上高状況」

出所：筆者作成

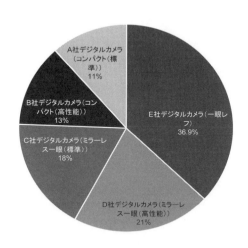

図 2.10　円グラフの例 「デジタルカメラの売上高の構成」

出所：筆者作成

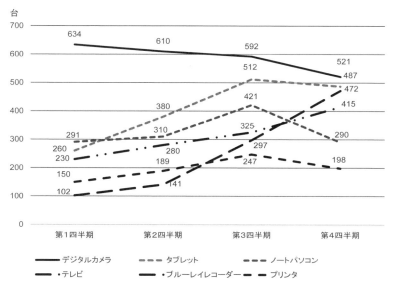

図 2.11 折れ線グラフの例 「家電の四半期別売上高推移」

出所：筆者作成

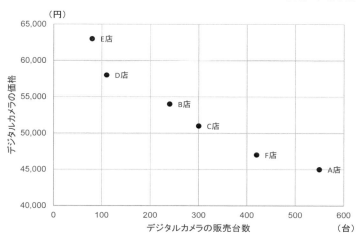

図 2.12 散布図の例　「デジタルカメラの販売台数と価格における

ライバル店との比較」

出所：筆者作成

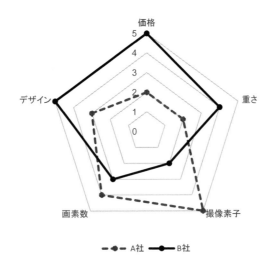

図 2.13 レーダーチャートの例　デジタルカメラのスペック比較

出所：筆者作成

② 分かりやすいグラフを作成すること

　おおよそのグラフの種類を説明しましたので，次にグラフのわかりやすさについて説明をします。

　まず，何をねらいにするかを考えた上で，グラフを選択しましょう。そして，グラフの縦軸・横軸が数値の場合は単位を挿入してください。また，グラフに数値を入れることができる場合は，できる限り数値を挿入すると見やすくなります。その他に，グラフ中の数値・文字が線などに被らないようにすること，色・文字の大きさなどを適宜調整することなどに留意することが重要です。

　図 2.14 にこれまで説明したポイントを反映した例を示します。

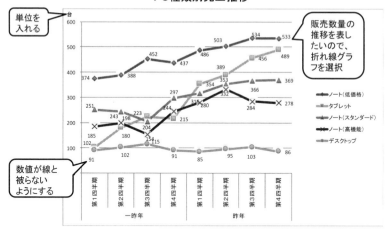

図 2.14 わかりやすいグラフの例

出所：筆者作成

③ 貼り付けるスタイルを意識すること

　グラフを作成した後に文章に貼り付ける場合が数多くあります。ですので，貼り付けのスタイルの選び方も重要となります。例えば，Excel から Word に貼り付ける場合，「元の書式を保持しブックを埋め込む」あるいは「図」などで貼り付けることができます。この際，図の体裁が崩れるときは，「図」形式で貼り付けると元の見た目を保持することができます。ただし，図になってしまうため編集はできなくなってしまうことに注意してください。

　Excel で作成した図 2.11 のグラフを Word に貼り付ける際の例を図 2.15 に示します。

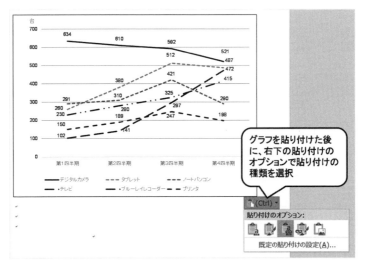

図 2.15 図 2.11 を「図」形式で貼り付ける例

出所：筆者作成

■図の作成のポイント

　一目見ただけで理解できる，あるいは記憶に残りやすくするため，図を活用することが重要です。そのポイントは「読ませる」のではなく，「見せる」ことです。図を作成する上でのポイントは 3 点あり，それらを下記にまとめます。
　① テンプレートを利用して作成すること
　② 写真を活用して作成すること
　③ 図形を組み合わせて作成すること

① テンプレートを利用して作成すること

　　SmartArt[6]を利用して図を作成すると簡便に作図をすることができます。SmartArt には，手順，循環，階層構造，集合関係，マトリックス，ピラミッドなどといったテンプレートが用意されており，例えば，「○○の特徴」を図にしたい場合，テンプレート一覧の中から「箇条書き」のテンプレートを選ぶことができます。

---

[6] Smart Art とは，PowerPoint の作図テンプレートのことです。

図 2.16 に例を示します。これは,「循環」の基本放射を利用した図です。

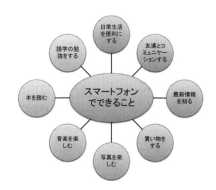

図 2.16 テンプレートを用いた例 「スマートフォンでできること」

出所:筆者作成

② 写真を活用して作成すること

写真を活用するためには,画像を挿入したあと,読み手が見やすい画像に調整する必要があります。加工のポイントは,a) 画像の大きさを調整,b) 画像の明るさを調整,c) 画像の切り取り(トリミング)です。

a) 画像の大きさを調整では,四隅のいずれかをドラッグして縮小し,縦横の比率が崩れないように調整します。

b) 画像の明るさを調整では,写真が暗い場合,事前に画像編集ソフトで補正するか,PowerPoint に貼り付けたあと,明るさ・コントラストを修正していきます。

c) 画像の切り取りでは,写真の不要な部分を切り取りたい(トリミングしたい)場合に,事前に画像編集ソフトでトリミングするか,PowerPoint に貼り付けたあと,トリミング機能で切り取ります。

図 2.17 にトリミングを行っている際のイメージを示します。

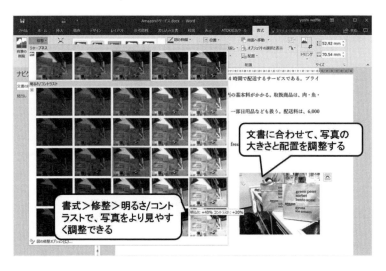

図 2.17 トリミングを行っている際のイメージ

出所：筆者作成

③ 図形を組み合わせて作成すること

　SmartArtでは表現が難しい場合，図形やテキストボックスなどの部品や写真を組み合わせて表現していきます。そのステップは，まず部品を組み合わせて図を作成し，次に読み手が見やすいように図形などを装飾していきます。図形の装飾は 塗りつぶし，グラデーション，図形の効果などがあります。文字の装飾は，文字の色，輪郭，効果などがあります。画像の装飾は 図のスタイル，形状，枠線，効果などがあります。

　図2.18に例を示します。この例では，部品を組み合わせ，塗りつぶしなどの装飾を行っています。

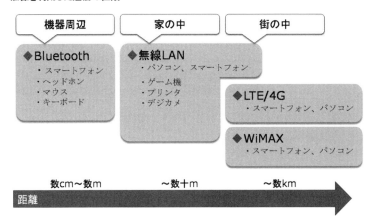

図 2.18 図を組み合わせた例 「無線を利用した通信の種類」

出所:筆者作成

　以上のような工夫を行った「出版とインターネットとの融合」の報告書を図 2.19 に示します。報告書の各所にこれまで説明したポイントを反映して, 作成をしています。

> タイトル

出版産業とインターネットの融合

横浜市立大学 永松 陽明　東京工業大学 藤 祐司　横浜商科大学 柳田 義継　千葉商科大学 仲野 友樹

Analysis on Fusion of Japanese Publishing Industry and the Internet

Yokohama City University Akira Nagamatsu, Tokyo Institute of Technology Yuji Tou,
na College of Commerce Yoshitsugu Yanagida, Chiba University of Commerce Yuki Nakano

> 見出し

1. はじめに

近年、出版産業（書籍や雑誌）の市場は縮小傾向にある。そのトレンドを図1に示すが、90年代まで成長を謳歌していた出版産業の市場は現在大きく落ち込んでいる。1996年のおよそ2兆7,000億円をピークに2015年には1兆6,000億円と1兆円もの規模を縮小した。

その要因の一つとして、「日本人の読書離れ」が挙げられている。そして「読書離れ」を支えているのは、1995年のWindows95の発売を皮切りに1990年代から急激に普及したインターネットとされている。

例えば、Yahoo!やGoogleなどの検索エンジンのホームページに行けば、新聞社や出版社などの様々なソースから集められた最新のニュースをオンデマンドで確認できる。「NAVERまとめ」や「グノシー」などのキュレーションサイトからも安価で最新のニュースを入手することができる。また、スマホやタブレットでは手軽に電子書籍が読まれている。以上のようなトレンドは、街の書店を減少させているとされる。

このような環境下において、インターネットは出版産業に対してネガティブ（負）の側面の影響を加えているのか調べる必要がある。そこで、本研究は、インターネットの進展による出版産業への影響を統計的に分析することで、両者の関係を正しく捉えることをねらいとする。

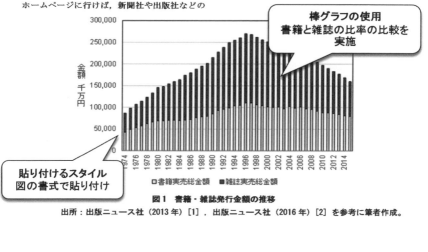

> 棒グラフの使用
> 書籍と雑誌の比率の比較を実施

> 貼り付けるスタイル
> 図の書式で貼り付け

図1　書籍・雑誌発行金額の推移

出所：出版ニュース社（2013年）[1]，出版ニュース社（2016年）[2]を参考に筆者作成。

図2.19　これまでの工夫を用いた「出版とインターネットとの融合」における報告書例

出所：筆者作成

(5) 本章のまとめ

本章ではアイデアの整理について説明を行いました。前章のアイデアの発想で設定したテーマとテーマを細分化する過程で調べたものを基にして並べることで、ストーリーにしていくアイデアの整理について理解ができたと思います。

わかりやすいレポートや報告書を書くために重要となるのが、ストーリーの作成です。まずは、わかりやすい構造のストーリーを作り、それに肉付けをしていくことで手戻りを少なくすることができます。わかりやすい構造のストーリーを作るためにも、設計図となる構成はコンパクトにまとめるとよいでしょう。このようにして、短い構成から、わかりやすい構造のストーリーを作ることができました。

次にストーリーの肉付けをします。具体的にはストーリーの骨子となっているレポートや報告書の構成となっている「序論」「本論」「結論」に肉付けをして、ストーリーを厚くしていきます。その中でも、仮説の検証を主な目的とする「本論」の肉付けで、どれほど緻密に、かつ信頼性の高い検証を行えるかが重要となります。例として、多くの分野でもっともよく使われる統計的手法である回帰分析を挙げました。これらの手順を通じて、ストーリーを構成する「序論」「本論」「結論」に肉付けをすることができました。中でも「本論」では「統計分析」などを活用して、厚みのある検証をすることができたのではないでしょうか。

ストーリーの肉付けまで進んだところで、最後に行うのが読み手に対する工夫です。せっかく作成したレポートや報告書でも、読み手のことを意識しないまま作成をすると、独りよがりなものになってしまいがちです。どんなに内容のよいものであっても、読みづらく読み手に伝わるものでなければ、これまでに積み上げてきた「アイデアの発想」、「アイデアの整理」といった手順が台無しになってしまいます。そこで、心にとめておかなければならないポイントは、文章、グラフ、図の組み合わせです。見やすい、わかりやすい文章と、適切で、理解しやすいグラフ、図を組み合わせることで、読み手に伝わりやすいレポートや報告書を作成することができます。

アイデアの整理は、アイデアの発想を基にしてストーリーを作り、それに肉付けをする手順です。アイデアの発想と比較してスキル的な要素があると感じるか

も知れません。慣れないうちは，うまくストーリーを作ることができなかったり，肉付けするための手法が限られてしまったりすることもあると思います。しかし，スキル，すなわち技能は繰り返し行うことによって上達をします。最初のうちは悩んだり，時間がかかったりするかも知れませんが，継続してチャレンジをしてみてください。

　本章の内容に沿ってアイデアの整理をすることで，レポートや報告書を作成することができました。ここで作業が完了することもありますが，昨今はレポートや報告書の作成とプレゼンテーションがセットになっていることも多くあります。そこで，次章ではアイデアの発表について説明をしていきます。

3．アイデアの発表

この章ではアイデアの発表について説明していきます。

前章では,「出版とインターネットとの融合」を実際に書き進め,報告書にまで整理しました。次に求められるものは,報告書に沿ってストーリーをプレゼンテーションの形にするアイデアの発表です。その具体的な内容を本章で作成していきます。

(1) 発表するための手順

これまで整理したものをわかりやすく発表するには,やはりストーリーが重要です。既に前章のフローを行っている場合には,それを確認しつつ発表を組み立てればよいですが,発表だけ行う場合には,前章で行ったストーリーの作成が必要です。そして,聞き手に対する工夫を発表に施すことで,更に理解度が高まります。以上の流れを図 3.1 にまとめます。

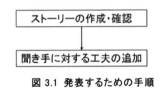

図 3.1 発表するための手順

出所：筆者作成

(2) ストーリーの作成・確認

この時点でもしもストーリーができていないならば,2 章の 2 節,3 節に記載したフローでストーリーを作成してください。

ストーリーなどベースがある場合は,発表の流れを考えていきます。発表には時間に制約などがあり報告書に書かれていることの全てを発表できるとは限りません。制約に合わせてストーリーを加工してください。

ます。そこでこの節ではそれぞれのポイントについて説明します。

■スライドの作成のポイント

発表のベースになるスライドを作成する上でのポイントは6点あり，下記にまとめます。

① レイアウトを工夫すること
② カラーリングに注意すること
③ 図表を活用すること
④ アニメーションを活用すること
⑤ ハイパーリンクを活用すること
⑥ 動画を活用すること

① レイアウトを工夫すること

スライドにおけるレイアウトはスライド全体に関係するものとページ内に関係するものの2点あります。前者については，「フォーマットの統一」と「フォント・カラーの統一」が重要です。後者については，「内容ごとに区切ること（ブロック化）」と「同じ性格の文章は同じフォーマットで記載すること」が大切です。

図3.2にページ内のレイアウトを工夫した例を示します。ブロック化を行い，同じフォーマットで記述しています。

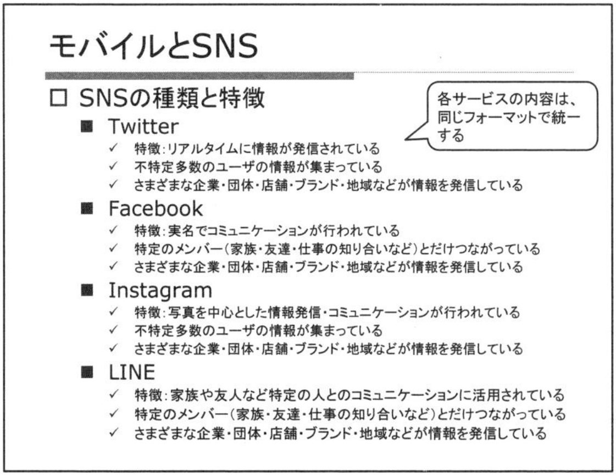

モバイルとSNS

□ SNSの種類と特徴

各サービスの内容は、同じフォーマットで統一する

■ Twitter
　✓ 特徴：リアルタイムに情報が発信されている
　✓ 不特定多数のユーザの情報が集まっている
　✓ さまざまな企業・団体・店舗・ブランド・地域などが情報を発信している

■ Facebook
　✓ 特徴：実名でコミュニケーションが行われている
　✓ 特定のメンバー（家族・友達・仕事の知り合いなど）とだけつながっている
　✓ さまざまな企業・団体・店舗・ブランド・地域などが情報を発信している

■ Instagram
　✓ 特徴：写真を中心とした情報発信・コミュニケーションが行われている
　✓ 不特定多数のユーザの情報が集まっている
　✓ さまざまな企業・団体・店舗・ブランド・地域などが情報を発信している

■ LINE
　✓ 特徴：家族や友人など特定の人とのコミュニケーションに活用されている
　✓ 特定のメンバー（家族・友達・仕事の知り合いなど）とだけつながっている
　✓ さまざまな企業・団体・店舗・ブランド・地域などが情報を発信している

図 3.2　ページ内のレイアウトを工夫した例 「モバイルと SNS」

出所：筆者作成

② カラーリングに注意すること

　スライドは色とりどりに作ることができます。しかし多色にすればするほどわかりにくくなってしまいます。そのため，「見やすい配色に気を配ること」「色数は多すぎないようにすること」「色調が濃くなりすぎないようにすること」「強調すべき箇所は目立つカラーリングにすること」「ポイントがどこかが一目で分かるようにすること」「統一感を出すこと」「スライド全体での統一感を作成すること」，「同じ意味を表す図は同じカラーリングで作成すること」を心がけてください。

　図 3.3 に例を示します。図はモノトーン（白黒）表示ですが，全体に基調をまとめ，統一感を出しています。また，強調すべき点に下線を引き，ポイントを一目でわかるようにしています。

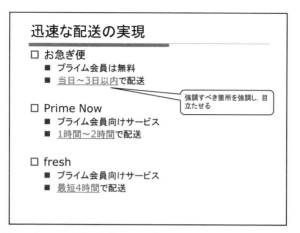

図 3.3 カラーリングに注意した例 「Amazon.com の迅速な配送の実現」

出所：筆者作成

③ 図表を活用すること

　前章でも触れましたが，図は「読ませる」のではなく，「見せる」ことが重要です。一目見ただけで理解でき，記憶に残りやすい図，表，グラフ，写真を活用してください。

　図 3.4 に例を示します。図を用いることで文章を少なくし，理解を容易にすることができます。

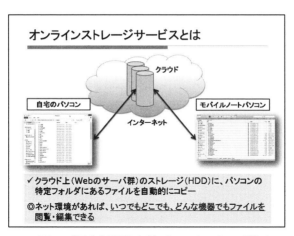

図 3.4 「図表を活用した例　オンラインストレージとは」

出所：筆者作成

④ アニメーションを活用すること

　アニメーションを使用することで，より効果的に情報を伝えることができます。例えば，テキストのみのスライドにアニメーションを設定することで，伝えたい箇所により注目してもらえます。また，図表スライドにアニメーションを設定し，順番に表示させることで，構造・関係・プロセスなどを分かりやすく伝えることができます。

　図 3.5 にアニメーションを使った例を示します。図中の $\boxed{1}$ ～ $\boxed{7}$ がアニメーション番号を指します。$\boxed{1}$ ～ $\boxed{7}$ をクリックもしくは自動で表示していくことで，それらのつながりを直感的に伝えることができます。ただし，使い過ぎると逆にわからなくなることもあるので，使用の際には十分な検討が必要です。

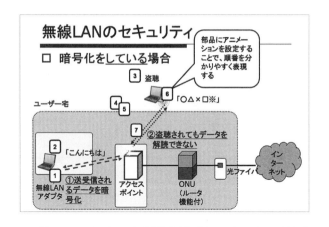

図 3.5 アニメーションを活用した例 「オンラインストレージとは」

出所：筆者作成

⑤ ハイパーリンクを活用すること

　ホームページやファイルなどとのリンクを付けることができる「ハイパーリンク」をスライドの中に組み込むことによって，プレゼンテーションの幅が広がります。具体的な手順は，a) スライド内のテキストや図形にハイパーリンクを組み込み，b) 発表時にハイパーリンクをクリックし，ホームページ，スライド，ファイル，フォルダなどを直接参照する，というものです。例えば，スライドにホームページと Excel のハイパーリンクを組み込んでおくことによって，ホームページを見せながら説明し，具体的なデータについて Excel ファイルを開いて説明したりすることができます。

　図 3.6 に例を示します。図中の「Prime Now」の下線部分がハイパーリンクになっています。また，時計のアイコンにもハイパーリンクが組み込まれており，クリックをするとホームページを表示できます。

図 3.6 ハイパーリンクを活用した例 「Prime Now」

出所：筆者作成

⑥ 動画を活用すること

　スライドに動画を組み込むことによって，より分かりやすく情報を伝えることができます。動画の組み込み（挿入）の方法は，a) PowerPoint に直接動画ファイルを挿入すること，b) 動作設定ボタンなどを配置し，動画ファイルへハイパーリンクを張ること，c) まず YouTube などのオンライン上の動画共有サイトに動画をアップロードし，オンラインの動画を PowerPoint に挿入することなどです。

　図 3.7 に例を示します。図中の飛行機の写真部分に動画が組み込まれており，クリックすると動画が動き始めます。

図 3.7 動画を活用した例 飛行機での Wi-Fi 活用

出所:筆者作成

　以上のような工夫をした「出版とインターネットとの融合」のプレゼンテーションのスライドを図 3.8 にまとめます。図中の各所にこれまで説明したポイントを反映しています。

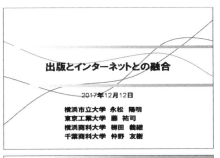

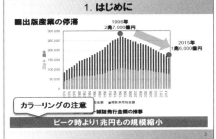

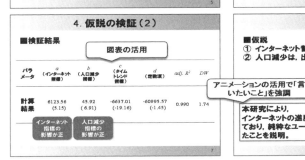

図 3.8 これまでの工夫を用いた「出版とインターネットとの融合」におけるスライド

出所：筆者作成

■発表のポイント

発表を行う上でのポイントは 7 点あり，下記にまとめます。

① 「プレゼンテーションの目的」を明確にすること
② 「聞き手の背景」を考えること
③ 「限られた時間」で効果的に情報を伝えること
④ 資料の印刷と配布を考えること
⑤ リハーサル（予行演習）を必ず行うこと
⑥ 話し方に気を配ること
⑦ 聞き手からの質問に適切に答えること

① 「プレゼンテーションの目的」を明確にすること

「資料」と「発表」によってプレゼンテーションは構成されるので，資料作成だけがプレゼンテーションの目的にはなりません。そのため，スライドを見せつつ発表すること，つまり何を話すかが重要です。また，何のための発表なのかを事前に検討することも大切です。発表場所や聞き手の対象（ゼミ，会議，顧客）などを考慮しつつ，発表内容をより理解してもらうために「聞く側の立場」に立った話をする必要があります。「自分のため」ではなく，「聞き手のため」を心がけましょう。

② 「聞き手の背景」を考えること

まず，聞き手が皆さんの発表に求めている内容は何かを考えましょう。聞き手の皆さんは，発表する内容に対して「素人」なのか，「専門家」であるのか。また，彼らの知りたいことは，大きな流れ（全体）なのか，具体的な情報（詳細）なのかなどを考慮していくと，発表内容は多少なりとも変わっていくと思います。ですので，聞き手のニーズに合った内容を発表するように心がけてください。そして，聞き手の関心・興味のありそうな話で，興味を惹きつけることも重要となります。

③ 「限られた時間」で効果的に情報を伝えること

プレゼンテーションには守らなければならない時間があります。その時間の中で,最も伝えたい内容を重点的に説明することが肝要です。その実現のためには,この発表で（このスライドで）何を最も伝えたいのかを考えながら,内容を詰め込みすぎないことです。全てを盛り込むのではなく,重要な内容に絞ってください。また,概要をスライドで伝え,詳細を配付資料で補足するなども有効です。

図 3.9 にコンテンツを詰め込み過ぎている例と伝えたい内容を絞ったスライドを示します。

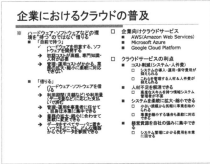
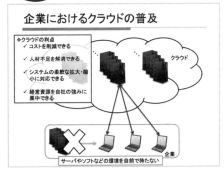

図 3.9 「限られた時間」で効果的に情報を伝える例

出所：筆者作成

図 3.9 の左部分のコンテンツを詰め込み過ぎている例は,内容が多くあり,何を訴えているか一目ではわかりません。一方で,右部分の伝えたい内容を絞ったスライドは図を活用し,情報量も少なく,わかりやすくなっています。

④ 資料の印刷と配布を考えること

詳細な情報・データなどの伝達については,資料を印刷し,配布することで,

手元でも情報を参照できるようにし，読み手に優しいプレゼンテーションを心がけてください。

具体的な配付資料の印刷の仕方としては，通常の配付資料は，「6 スライド（横）」，スライドの内容が細かい場合は，内容が見て取れることができる「2 スライド」が良いと思います。

図 3.10 にプレゼンテーション印刷の方法を示します。この画面は印刷をする際に現れる画面です。ここで設定を行い，印刷してください。

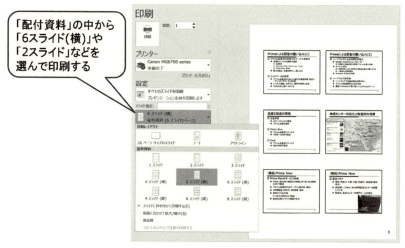

図 3.10 プレゼンテーション印刷の方法

出所：筆者作成

⑤ リハーサル（予行演習）を必ず行うこと

プレゼンテーションはよほど上手な人ではない限り，ぶっつけ本番では上手くいきません。あらかじめ発表の練習が必要です。発表をする上で，「説明のしかたは充分か」，「適切な分量か」などを確認しつつ，行ってください。

リハーサルの流れとしては，まず一通り予行演習し，全体の時間を計ります。次にどのスライドまで何分かかるかメモし，1枚ごとのスライドに何分かけるかを考えます。不足している内容，余分な内容がないかどうか確認し，説明に詰ま

る場面が無いかどうか確認します。以上の問題を解決し，本番を想定したリハーサルを行いましょう。

⑥ 話し方に気を配ること

　悪いプレゼンテーションでは，「スライドを単純に読むだけ」「スライドを次々表示し聞き手が内容を確認できない」「聞き取りにくい小さい声で発表する」などの問題が数多く発生しています。ですので，それらに注意しつつ，「口頭での説明を柔軟に入れる」「丁寧にスライドの内容を説明する」「聞き手側に目を配りながら，聴衆の理解度に合わせて発表する」などを行ってください。話し方の印象でプレゼンテーションの成果が大きく変わってしまいます。

⑦ 聞き手からの質問に適切に答えること

　聞き手からの質問，特に説明しきれなかった内容を補足，データの詳細を説明，事例を説明などは重要です。

　質問には，質疑応答の準備を事前にしておくことが大切です。想定される質問をあらかじめ考える，質疑応答用のスライドを作成する，質疑応答用のデータや事例を用意するなどを行ってください。

(4) インターネットの活用

　多くの人から様々な意見を得ると改善点が見えてきます。ですので，多くのユーザーがいるインターネットでの公表は重要です。ただし，会社内部の資料や著作権などの問題がある資料は公表を控えた方が無難ですので，この節に書かれていることは読み飛ばしてください。

　この節では，インターネットでの公表・活用の仕方を説明します。その方法は3つありますので，下記にまとめます。

　① ホームページでの公表
　② SNS（Social Networking Service）の活用
　③ Web サービスでの公表

① ホームページでの公表

ホームページで公表するには方法が4つあります。

a) ブログサービスを利用

ブログを Web サイトとして運用することで公表できます。ブログは専門スキルが不要であり，SNS と同じ感覚で情報発信できます。しかし，あくまでブログのため，コンテンツやデザインに制約があります。

図 3.11 に筆者が作成したブログの例を示します。

図 3.11 ブログサービスの例

出所：筆者作成

b) Web サイト作成サービスを利用

Web サイト作成サービスの利用は，テンプレート上に自由に文章や写真を組み合わせて Web サイトを作成できます。サービスの利用であるため，専門スキルが不要ですが，デザインにある程度の制約があります。

図 3.12 に筆者が作成した例を示します。

図 3.12 Web サイト作成サービスの例 「Jimdo の利用イメージ」

出所：筆者作成

c) CMS（Contents Management System）を利用

CMS の利用は，サーバ事業者からサーバを借り，CMS ツールをインストールして Web サイトを作成するものです。デザインやコンテンツの自由度が高いため，多少の専門スキルが必要となります。

d) HTML/CSS を利用

HTML/CSS の利用は，ページ作成やデザインなどを HTML/CSS を利用して自前で Web サイトを作成するもので，デザインやコンテンツの自由度は最も高いが，専門スキルが必要となります。

以上によって，ホームページに文書やプレゼンテーション資料をおき，多くの人に閲覧してもらうことができます。

② SNS の活用

ホームページに資料をおいただけでは，資料を見てもらえない可能性があります。そのため，多くの人に資料を見てもらうため，SNS を利用して広く伝えることも検討する必要があります。

a) SNS の公式アカウントを開設・運用

公式 Twitter アカウントや，公式 Facebook ページを開設することで，SNS が運用できます。Web サイトに情報を掲載した際に，その都度公式アカウントに更新情報を投稿していきます。

b) SNS で広告を設定する

Web サイトや公式アカウントを広く知ってもらうために，SNS で広告を設定することも考えられます。それにより，広告に興味を持った人が，Web サイトや公式アカウントに訪れるようになりますが，コストがかかります。

以上のように Web サイトとソーシャルメディアの連携を意識しながら運用することで，ソーシャルメディアから Web サイトへ顧客を誘導し，Web サイトの情報をソーシャルメディアで拡散してもらうことができます。図 3.13 に例を示します。

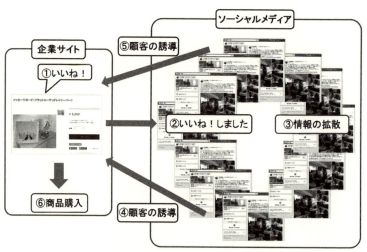

図 3.13 Web, SNS, 拡散のメカニズム

出所：筆者作成

③ Web サービスでの公表

プレゼンテーションの資料を共有する Web サービスを活用することも公表の一手段です。ブラウザ上で直接スライドを閲覧することができるため，気軽に中身を見てもらうことが可能です。Slideshare などのサービスが有名です。

本節の冒頭にも記述しましたが，インターネットを活用した公表については，公表してよい資料なのかを検討した上で行ってください。

(5) 本章のまとめ

本章では報告書に沿ってストーリーをプレゼンテーションの形にし，アイデアの発表をするための手順について具体的な説明をしました。効果的なプレゼンテーションや情報の公開ができるようになったと思います。

アイデアの発表をする際にも，前章のアイデアの発想と同様にストーリーが重要となります。アイデアの発想から引き続いてアイデアの発表をする場合は，すでに作成したストーリーを確認しつつ，発表を組み立てていきます。発表だけを行う場合には，ストーリーの作成から始める必要があります。ここで，聞き手に対する工夫を施すことで，さらに理解度を高めることができます。また，発表には時間の制約などがあるので，制約に合わせた形でストーリーを加工することによって，スライド資料に起こしやすいストーリーの作成・確認をするとよいでしょう。

ストーリーの作成・確認まで行ったところで，スライドの作成に入っていきます。発表を行う上で，スライドの作成と発表のポイントを押さえておく必要があります。このポイントが，聞き手に対する工夫になります。スライド作成のポイントは，前章でも触れましたが，「図は読ませる」のではなく「見せる」ということです。聞き手の理解を深めるために，図の果たす役割は非常に大きいものがあります。プレゼンテーションにおける図とテキストは両輪であり，どちらか一方ではなく，組み合わせることで，わかりやすいスライドを作成することができるようになります。

さらに，スライドを作成するのと同じくらい，あるいはそれ以上に重要となる

のが発表です。プレゼンテーションは「資料」と「発表」とで構成されると述べた通り，資料の作成だけが目的ではなく，スライドを見せつつ発表すること，つまり，何を話すかが発表のポイントになります。発表場所や聞き手の対象（ゼミ，会議，顧客）などを考慮しつつ，発表内容をより理解してもらうために「聞く立場」に立った話をする必要があります。また，リハーサル（予行演習）は必ず行うようにしてください。発表と同じだけの時間がかかってしまうため，あまりリハーサルに時間を割くことができない人も多いかとは思いますが，プレゼンでの印象は発表次第で大きく変わってしまうため，しっかりと準備をしてください。リハーサルでは，発表する上で「説明のしかたは充分か」「適切な分量か」などを確認していきます。

　そして，本章の最後では，インターネットの活用についても触れました。多くの人から意見をもらうと改善点が見えてくるため，多くのユーザーがいるインターネットでの公表は重要です。ただし，会社内部の資料や著作権などのある資料の公表には，充分に注意をしてください。

　本章の説明で，アイデアの発表をするための資料の作成，発表のポイントなどについて理解ができたかと思います。ここで説明をした，いろいろなテクニック，ツールを用いてねらいを実現していただければうれしいです。

終章　アイデアの発想・整理・発表におけるレベルアップ

　アイデアの発想・整理・発表にあたって,「取組時間が足りず,生煮えの状態でプレゼンテーションを行った」「資料の図中,文中にミスがあった」「発表の質疑応答が上手にできなかった」など,多くの失敗を経験したのではないでしょうか。このようなミスを踏まえ,改善策を考えていきましょう。

　取組時間が足りなければ,開始時間を早めることが改善策の一つだと思います。また,資料のミスは第三者にチェックをしてもらうことが重要ではないでしょうか。以上に示したような皆さんが体験した失敗の改善策を,図 0.1 に示した流れ(フロー)に組み込み,各フローの詳細化ができたならば,アイデアの発想・整理・発表のレベルアップが実現していきます。そのイメージを図 4.1 に整理します。

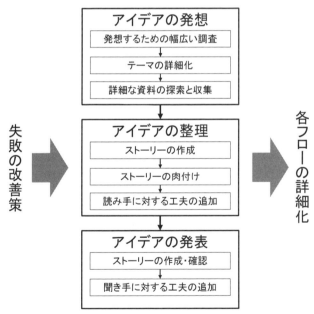

図 終.1　アイデアの発想・整理・発表のレベルアップ

出所：筆者作成

また，数多くの資料作成やプレゼンテーションを行っていく予定のある方は，予め資料の部品となる図や表などを作っておくと，効率的に資料を作成できます。

　レベルアップにはいろいろなアプローチがあると思います。読者の皆さんが独自に工夫して図 4.1 のフローをブラッシュアップしていただければ幸いです。

補章
1. 回帰分析
(1) 回帰分析とは

　回帰分析とは，従属変数（目的変数）と独立変数（説明変数）の間に式を当てはめ，従属変数が説明変数によってどれくらい説明できるのかを定量的に分析することを指します。

$$Y_i = \alpha + \beta X_i + \mu_i$$

　　　従属変数　　　説明変数　　　誤差（残差）

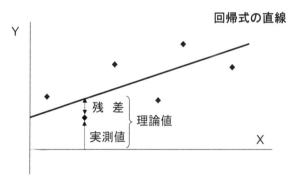

別添図1　回帰分析における回帰式のイメージ

出所：筆者作成

(2) 最小二乗法とは

　回帰式の直線を導出するための方法です。具体的には，回帰式による直線と各実測値とのズレ具合いを計るために各残差の平方和をとり，この平方和を最小にすることで，実測値とのズレが最小化された回帰式を導出します。

　　　残差平方和：　$\sum(\mu_i)^2 = \sum(Y_i - \alpha - \beta X_i)^2$　　　……①

［仮定］

 ① μ_i と μ_j はお互いに独立であり，正規分布 $N(0, \sigma^2)$ に従う。

 ② μ_i の平均値（期待値）は 0。

 ③ μ_i の分散は一定。

①式を α, β で偏微分し，0 とおくことで，①式を最小とする α, β を導出します。

$$\hat{\alpha} = \frac{\sum X^2 \sum Y - \sum X \sum XY}{n\sum X^2 - \left(\sum X\right)^2} \qquad \hat{\beta} = \frac{n\sum XY - \sum X \sum Y}{n\sum X^2 - \left(\sum X\right)^2}$$

(3) 決定係数（R^2）

① 決定係数とは

決定係数とは，推定回帰線の観測データに対する説明力（適合度）を示す尺度です。

Y の全変動（実測値とその平均値との差の平方和）と回帰平方和（回帰式によって推計された理論値と平均値との差の平方和：回帰によって説明できる変動）の比率であらわされます。

$$R^2 = \frac{回帰によって説明できる変動}{Y の全変動}$$

$$= 1 - \frac{回帰によって説明できない変動（残差平方和）}{Y の全変動}$$

$$\frac{\sum(\hat{Y}-\bar{Y})^2}{\sum(Y-\bar{Y})^2} \qquad\qquad 1 \qquad - \qquad \frac{\sum(Y-\hat{Y})^2}{\sum(Y-\bar{Y})^2}$$

② 自由度修正済決定係数（$adj. R^2$）とは

重回帰分析において，説明変数の数を増やしていくと，説明力をもたない説明変数であっても追加することによって残差は小さくなってしまいます。この欠点を修正したものを自由度修正済決定係数といいます。

$$adj.R^2 = 1 - \frac{n-1}{n-k-1}(1-R^2)$$

R^2: 決定係数; n: サンプル数; k: 説明変数の数

2.　回帰モデルの検定

(1)　t 値

①　t 値とは

　最小二乗法によって推計された回帰係数が，有意であるか否かを検定する統計量のことです。t 値による判定などによって，回帰係数が統計学的にゼロでないと判断されることを「有意である」といいます。

②　t 値の計測

$$\text{t 値} = \frac{\text{回帰係数の推定値}}{\text{回帰係数の標準誤差}}$$

　t 値は，自由度 $n-k-1$ （自由度＝サンプル数（n）－説明変数の数（k）－1）の t 分布に従います。そこで，下記のような t 分布表にもとづいて，有意性検定を実施することになります。

　具体的には，t 値の絶対値が t 分布表で探した t 値よりも大きい場合，回帰係数は「有意である」と判定されます。

別添表 1 t分布表

自由度	有意水準		自由度	有意水準		自由度	有意水準	
	5%	1%		5%	1%		5%	1%
1	12.706	63.657	11	2.201	3.106	21	2.080	2.831
2	4.303	9.925	12	2.179	3.055	22	2.074	2.819
3	3.183	5.841	13	2.16	3.012	23	2.069	2.807
4	2.776	4.604	14	2.145	2.977	24	2.064	2.797
5	2.571	4.032	15	2.132	2.947	25	2.06	2.787
6	2.447	3.707	16	2.12	2.921	26	2.056	2.779
7	2.365	3.5	17	2.11	2.898	27	2.052	2.771
8	2.306	3.355	18	2.101	2.878	28	2.048	2.763
9	2.262	3.25	19	2.093	2.861	29	2.045	2.756
10	2.228	3.169	20	2.086	2.845	30	2.042	2.75

出所：筆者作成

(2) 系列相関

① 系列相関とは

系列相関（Serial Correlation）（もしくは自己相関（Autocorrelation））とは誤差項の間に相関があることを意味します。

経済活動の場合，その期の活動が次の期の活動にも影響を及ぼすことが多く，系列相関，特に1階の系列相関が発生しやすいとされます。

誤差項 μ に1階の系列相関がある場合，下記のように表すことができます。

$$Y_t = \alpha + \beta_1 X_{1t} + \beta_2 X_{2t} + \cdots + \beta_m X_{mt} + \mu_t$$

$$\mu_t = \rho\mu_{t-1} + \varepsilon_t \qquad -1 < \rho < 1 \,(t = 1, 2, \cdots, n)$$

ρ: 自己相関係数

ε: 平均0，均一分散，系列相関なしの誤差項

64

このとき，

$$0 < \rho < 1 \text{ のとき，1 階の正の系列相関}$$
$$-1 < \rho < 0 \text{ のとき，1 階の負の系列相関}$$

があると言います。

正・負それぞれの系列相関における誤差項は，別添図 2 のようになっています。

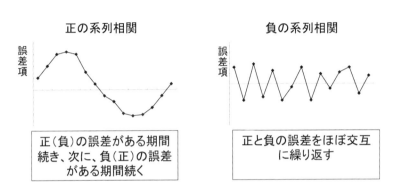

別添図 2　正の系列相関と負の系列相関

出所：筆者作成

② 系列相関の発生原因

系列相関の発生原因は下の 5 つの場合などが考えられます。

i) 重要な説明変数がモデルから欠落している

ii) 経済行動（消費，貯蓄，投資，輸入など）における習慣性

iii) あるショック（オイルショック，戦争など）の経済的影響が期間内に終息せず，次期以降にも及ぶ場合

iv) 関数型の特定化の失敗

v) 時系列の回帰分析の時間単位が短いほど（年→四半期→月→週・・・），前期の影響を受けやすく，系列相関が発生しやすい

③ 系列相関の確認

1) ダービン・ワトソン（Durbin-Watson: DW）比

系列相関の有無の確認のために一般的に用いられる統計量としてダービン・ワトソン（Durbin-Watson: DW）比があります。

ダービン・ワトソン比は 1 階の系列相関が存在しているかどうかをチェックするための統計量であり，下記のように定義されます。

$$DW = \frac{\sum_{t=2}^{n}(\hat{\mu}_t - \hat{\mu}_{t-1})^2}{\sum_{t=1}^{n}\hat{\mu}_t^{\,2}} \qquad 0 \leq DW \leq 4$$

また，サンプル数が十分に大きい（n が 30 以上）のときには，次式によって近似が可能です。

$$DW = 2(1 - \hat{\rho})$$

このとき，$\hat{\rho}$ は ρ の推定値を示し，次式で表されます。

$$\hat{\rho} = \frac{\sum_{t=2}^{n}\hat{\mu}_t\,\hat{\mu}_{t-1}}{\sum_{t=1}^{n}\hat{\mu}_{t-1}^{\,2}}$$

2) DW 比の解釈

DW 比の解釈の方法は，別添図 3 が示すように，下記のとおりとなります。

a) DW がほぼ 2.0 のとき　系列相関がないと判断
　　⇒ 誤差項間に相関がない

b) DW が 0 に近づくとき　　正の系列相関があると判断
　　⇒ 誤差項間に正相関がある

c) DW が 4 に近づくとき　　　負の系列相関があると判断
　　⇒　誤差項間に負相関がある

d_L と d_U の値は，① サンプル数，② 説明変数の数，③ 検定の有意水準，④ 片側検定か両側検定か，によって決定されます。

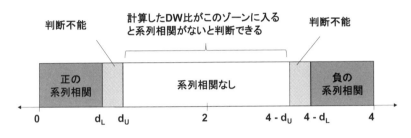

別添図 3　ダービン・ワトソン比による系列相関の判定

出所：筆者作成

参考文献

[1] 池上彰『伝える力2』PHP研究所，2012年.

[2] 梶原治樹「市場縮小・デジタル化に直面する雑誌販売の現状報告」『出版ニュース』2409, pp.4-10, 2016年.

[3] 出版ニュース編集部編「『出版年鑑2016』から図で見る日本の出版統計」『出版ニュース』2416, pp.4-11, 2016年.

[4] 出版ニュース編集部編「『出版年鑑2013』から図で見る日本の出版統計」『出版ニュース』2313, pp.4-9, 2013年.

[5] 永松陽明・岡田公治, 他7名「業務プロセスのベストプラクティス表現方法とライブラリの構築」『プロジェクトマネジメント学会誌』Vol. 13, No.1, pp.22-27, 2011年.

[6] 永松陽明・柳田義継「出版産業におけるデジタル化の影響分析」『日本経営システム学会第58回大会予稿集』pp.238-241, 2017年.

[7] 林智彦「だれが「本」を殺しているのか 統計からみる「出版不況論」のゆくえ」『出版ニュース』2410, pp.4-13, 2016年.

[8] 藤脇邦夫「業界は"正念場"いま, 何をすべきか」『出版ニュース』2401, pp.6-12, 2016年.

[9] 湯浅俊彦「ISBN論争から見た日本の出版流通-書籍情報・物流情報のデジタル化から出版コンテンツのデジタル化へ-」大阪市立大学創造都市研究科『情報学』Vol.3, No.2, pp.306-318, 2006年.

[10] 湯浅俊彦「電子出版ビジネスと書店の役割」『情報の科学と技術』Vol.63, No.8, pp.322-327, 2013年.

著者プロフィール

永松 陽明（ながまつ あきら）序章，終章担当

横浜市立大学国際総合科学部准教授

東京学芸大学教育学部卒業，横浜市立大学大学院経営学研究科修士課程修了，東京工業大学大学院社会理工学研究科博士課程修了，博士（工学）。電機メーカーを経て 2013 年より現職。

柳田 義継（やなぎだ よしつぐ）第 3 章担当

横浜商科大学商学部教授，経営情報学科長

横浜国立大学経営学部卒業，横浜市立大学大学院経営学研究科修士課程修了，博士課程修了，博士（経営学）。2013 年より現職。

藤 祐司（とう ゆうじ）第 2 章，補章担当

東京工業大学工学院経営工学系特任准教授，

エジプト日本科学技術大学創造理工学類経営工学専攻准教授

東京工業大学工学部卒業，東京工業大学大学院社会理工学研究科修士課程，博士課程修了，博士（学術）。2011 年より現職。

仲野 友樹（なかの ゆうき）第 1 章担当

千葉商科大学サービス創造学部准教授

埼玉大学経済学部卒業，早稲田大学大学院国際情報通信研究科修士課程修了，横浜市立大学大学院国際マネジメント研究科博士課程修了，博士（経営学）。システムインテグレーターを経て 2017 年より現職。

アイデアの発想・整理・発表

2018年3月1日　第一版第一刷発行

<table>
<tr><td>著　者</td><td>永松　陽明，柳田　義継
藤　　祐司，仲野　友樹</td></tr>
<tr><td>発行所</td><td>株式
会社 学　文　社</td></tr>
<tr><td>発行者</td><td>田 中 千 津 子</td></tr>
</table>

〒153-0064　東京都目黒区下目黒3-6-1
電話　(03)3715-1501(代表)　振替00130-9-98842
http://www.gakubunsha.com

乱丁・落丁の場合は本社でお取替えします。
定価はカバー，売上カード，に表示してあります。

印刷／新灯印刷㈱
〈検印省略〉

ISBN 978-4-7620-2780-2
© 2018　NAGAMATSU Akira　　Printed in Japan